Dieses Buch gehört:

_____

Rainer Wolke

Wickie und der Überfall auf Flake

Wickie und die starken Männer
Lesen lernen mit Comics
Leseanfänger

Klett Lerntraining

Bibliografische Information der Deutschen Nationalbibliothek
Die Deutsche Nationalbibliothek verzeichnet diese Publikation in der
Deutschen Nationalbibliografie; detaillierte bibliografische Daten sind
im Internet über http://dnb.dnb.de abrufbar.

Dieses Werk folgt der neuesten Rechtschreibung und Zeichensetzung.

Auflage 3 2 1 | 2017 2016 2015
Die letzten Zahlen bezeichnen jeweils die Auflage und das Jahr des letzten Druckes.

© 2015 Studio 100 Media GmbH
www.studio100.de

© Klett Lerntraining, c/o PONS GmbH, Stuttgart 2015. Alle Rechte vorbehalten.
www.klett-lerntraining.de, www.lesedrachen-club.de
Der Online-Zugang zum Leseführerschein ist bis drei Jahre
nach Erscheinen des Buches gewährleistet.
Teamleitung Grundschule und Kinderbuch: Susanne Schulz
Redaktion: Jette Maasch, Jana Haußmann
Umschlaggestaltung und Layout: Sabine Kaufmann, Stuttgart
Illustrationen: Julian Jordan, Luis-José Beltran, Iñigo Motxo/Comicon, Barcelona
Satz: tebitron gmbh, Gerlingen
Druck: Himmer AG, Augsburg
Printed in Germany
ISBN 978-3-12-949255-0

Inhalt

Schrecklicher Sven in Sicht!

Ist das ein herrlicher Tag!
Wickie und seine beste Freundin Ylvi
machen ein Picknick
auf den Felsen hoch über dem Meer.
„Die Honigkuchen schmecken toll!",
lobt Wickie Ylvi.
Sie freut sich und lächelt.
„Die habe ich selbst gebacken!"

Doch plötzlich bekommt Wickie
einen Riesenschreck.
Drei Schiffe steuern auf Flake zu.
Mit Segeln so schwarz
wie verbrannte Pfannkuchen.
„Der Schreckliche Sven!",
ruft Wickie entsetzt.
„Der kommt bestimmt nicht
zum Honigkuchen backen.
Wir müssen das Dorf warnen!"

Blitzschnell packen Wickie und Ylvi
alles in ihren Korb.
Dann laufen sie los.
Sie nehmen die Abkürzung
durch den dunklen Wald.
Den mag Wickie eigentlich gar nicht,
denn hier gibt es viele wilde Tiere.
Aber sie müssen schneller sein
als der Schreckliche Sven.
„Lauf, Ylvi! Lauf!",
feuert Wickie seine Freundin an.
„Es ist nicht mehr weit!"

Da plötzlich ...

Bald ist alles aufgefressen.
Der Bär tapst satt
in seine Höhle zurück.
„Meine schönen Honigkuchen",
seufzt Ylvi traurig.
„Naja, wenn wir in Flake sind,
backe ich eben neue."

„Flake?", ruft Wickie.

„Wir müssen doch
die starken Männer warnen!"
Mit einem Sprung landet er im Gras.
Dann hilft er Ylvi vom Baum herunter,
und beide rennen los.
Hoffentlich schaffen sie es noch
vor dem Schrecklichen Sven.

Zu spät!

Wickie und Ylvi
erreichen kurz darauf ihr Dorf.
Sie sind völlig außer Atem.
Doch sie kommen zu spät.
In der Ferne sehen sie das Unheil:
Der Schreckliche Sven stürmt
mit seinen Piraten auf Flake zu.

„Oh, Wickie!", flüstert Ylvi entsetzt.
„Was machen wir denn jetzt?"
Wickie zittert am ganzen Leib.
„Ein richtiger Wikinger
würde jetzt kämpfen",
antwortet er traurig.
„Aber ich traue mich einfach nicht."

Wickie und Ylvi verstecken sich
in einem dichten Gebüsch.
Jetzt sind die Angreifer
bei Halvars Haus angekommen.
Der Schreckliche Sven
schwingt seinen Morgenstern.
Wer den gegen den Helm bekommt,
dem wächst eine riesige Beule.
„Was machen wir denn jetzt, Wickie?",
flüstert Ylvi aufgeregt.
„Daumen drücken", antwortet Wickie.

Aber es nützt nichts.

Der Schreckliche Sven
hat Halvar mit einem Netz gefangen.
Auch die anderen Wikinger sind besiegt.
Faxe, Ulme, Snorre und Tjure
werden gefesselt.
Sogar den uralten Urobe
haben die Piraten nicht vergessen.
Dann werden alle
in Halvars Haus getrieben.

Wickie und Ylvi
sehen vorsichtig durch ein Fenster.
Halvar sitzt gefesselt auf dem Stuhl.
Der Schreckliche Sven tobt:
„Halvar, verrate mir,
wo du deine Schätze versteckst!"
Aber Halvar schüttelt den Kopf.
„Eher fresse ich meinen Helm",
knurrt er zurück.
„Vater ist so mutig", murmelt Wickie.

Komm schon, Wickie!

Wickie ist verzweifelt.
Der Schreckliche Sven will
ihre Schätze klauen:
alles, was sein Vater
ehrlich geraubt und erbeutet hat.
Wickie flüstert geknickt:
„Aus mir wird nie
ein richtiger Wikinger."

16

Ylvi nimmt ihren Freund in den Arm
und tröstet ihn:
„Du bist zwar
nicht so stark wie ein Bär.
Dafür bist du aber schlauer
als alle Füchse der Welt zusammen!"
Doch Wickie lässt den Kopf hängen.
„Das nützt aber gar nichts,
wenn der Schreckliche Sven angreift.
Dann muss ich doch mutig sein!"

Ylvi schüttelt den Kopf.
„Komm schon, Wickie!",
muntert sie ihn weiter auf.
„Deine Ideen sind doch
immer die allerbesten!"
Wickie setzt sich auf einen Stein
und denkt angestrengt nach.
„Hmm", murmelt er nach einer Weile.
„Ich bin nicht so stark wie ein Bär.
Aber ich habe gute Ideen,
und Ylvi ist bei mir."
Dann reibt er an seiner Nase.

Plötzlich springt Wickie auf …

Bald sind die Honigkuchen fertig.

Wickie füllt sie in kleine Säcke.

Ylvi verschnürt sie mit einem Faden.

Dann verstecken sie
einen Sack nach dem anderen
unter Ylvis Kleidern.

„Jetzt wird es ernst!", stöhnt Wickie.

Er nimmt Ylvi an der Hand.

Gemeinsam gehen sie
zu Halvars Haus zurück.

Sie hören den Schrecklichen Sven
schon von Weitem.
Er brüllt Wickies Vater an:
„Spuck's endlich aus, Halvar!
Wo sind deine Schätze?"

Wickie holt tief Luft.
Dann betritt er das Haus.
„Ich kann es dir zeigen!",
sagt er mit zitternder Stimme.

Bärenhunger

Alle starren Wickie an.
„Wirst du wohl still sein!",
schimpft Halvar.
Aber Wickie schüttelt den Kopf.
„Ich führe dich zum Versteck, Sven",
verspricht er dem Piraten.
„Aber lass Vater in Ruhe!"
Der Schreckliche Sven grinst.

22

Wickie verlässt das Haus.
Alle Piraten folgen ihm.
„Das Versteck ist schwer zu finden",
erklärt er ihnen draußen.
„Deshalb muss mir Ylvi helfen."
Der Schreckliche Sven nickt
und knurrt dabei:
„Hauptsache, ich kriege die Schätze!"

Wickie führt die Piraten aus dem Dorf.
Im Wald hängt Ylvi jedem heimlich
ein Säckchen an den Gürtel.
Keiner der Männer bemerkt es,
denn alle denken nur an die Schätze.
„Fertig!", flüstert Ylvi Wickie zu.
„Es kann losgehen!"
Er nickt und zwinkert zurück.
Bald erreichen sie den dunklen Wald.
„Wo sind denn nun die Schätze?",
brüllt Sven ungeduldig.
„Ich ..."

Weiter kommt er nicht …

Die Bären jagen die Piraten
durch den ganzen Wald.
Immer mehr Bären werden
vom köstlichen Duft der Honigkuchen
aus ihren Höhlen gelockt.

Als die Piraten das Meer erreichen,
springen sie sofort ins Wasser.
So schnell sie können,
schwimmen sie zu ihren Schiffen.

Da sind Wickie und Ylvi
schon längst wieder in Flake.
„Hast du ihnen das Versteck gezeigt?",
brummt Halvar enttäuscht.
Wickie schüttelt den Kopf.
„Ich wollte ja!", antwortet er lachend.
„Aber der Schreckliche Sven
musste auf einmal
ganz dringend nach Hause."
Er zwinkert Ylvi zu.
„Vielleicht hat er
einen Kuchen im Ofen vergessen?"

Starke Fragen
für helle Köpfe

 **1** **Wie sehen die Segel
der Piraten aus?**

B ☒ schwarz wie verbrannte
Pfannkuchen

G ☐ schwarz wie verbrannter
Pflaumenkuchen

E ☐ schwarz wie verbrannter
Pustekuchen

 2 **Was lockt den Bären an?**

U ☐ Snorres Salamibrot

O ☐ Wickies Lolli

Ä ☒ Ylvis Honigkuchen

3 Wohin retten sich Wickie und Ylvi vor dem Bären?

L ☐ in eine Höhle

K ☒ unter ein Boot

R ☐ auf einen Baum

4 Womit fängt Sven Halvar ein?

R ☐ mit einem Lasso

E ☒ mit einem Netz

W ☐ mit einem Käfig

5 Was will der Schreckliche Sven rauben?

M ☐ Urobes Schwert

S ☐ Ylvis Kuchenrezept

N ☒ Halvars Schätze

 **6** **Was würde Halvar eher tun,
als das Versteck zu verraten?**

Q ☐ sein Boot versenken

H ☐ seinen Helm fressen

J ☐ Faxes Unterhose tragen

 **7** **Was backen Wickie und Ylvi?**

W ☐ Honigkekse

Ö ☐ Honigkuchen

P ☐ Honigbrote

 8 **Was muss Wickie
vor dem Backen tun?**

N ☐ Feuer ausmachen

C ☐ Honig sammeln

H ☐ schlafen

Wohin führt Wickie die Piraten?

B ☐ ans Meer

L ☐ in den Wald

K ☐ zum Schatz

 **Wieso flüchtet der Schreckliche Sven plötzlich?**

A ☐ weil Halvar sich befreien konnte

E ☐ weil ihn Bären jagen

W ☐ weil er den Kuchen im Ofen vergessen hat

Trage die richtigen Buchstaben in die Kästchen auf Seite 38 ein.

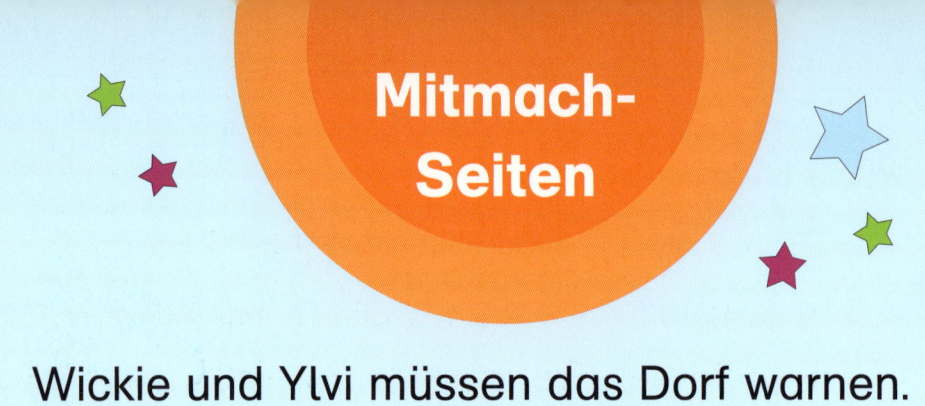

Mitmach-
Seiten

Wickie und Ylvi müssen das Dorf warnen.
Hilf ihnen, den Weg zu finden.

Wickie und Ylvi backen Honigkuchen.
In der Küche haben sich zehn Fehler
eingeschlichen. Schau genau hin!
Findest du alle Fehler im unteren Bild?
Kreise sie ein!

Bärig leckere Honigkuchen-Muffins

Dazu brauchst du:
150 g Honig
75 g Zucker
75 g Butter
3 EL Milch
2 TL Lebkuchengewürz
2 Eier
250 g Mehl
1 TL Backpulver
2 EL Kakaopulver
50 g geraspelte Schokolade

So wird's gemacht:

Gib Honig, Zucker, Butter und Milch
in einen kleinen Topf.
Alles muss erwärmt werden,
bis sich der Zucker gelöst hat.
Nicht vergessen: immer umrühren.
Dabei hilft dir am besten ein Erwachsener.
Rühre dann das Lebkuchengewürz unter,
und lass die Masse etwas abkühlen.

Nun kommen die Eier
in die Honigmasse.
Zum Schluss vermischst du
Mehl, Backpulver und Kakaopulver
und gibst es mit der Schokolade
in die Honigmasse.
Verrühre alles gründlich.

Bitte einen Erwachsenen,
den Backofen auf 175 Grad
vorzuheizen.
Fette nun das Muffins-Blech ein,
oder setze Formen auf das Blech.
Dann fülle den Teig in die Formen.
Die Kuchen müssen
etwa 20 bis 25 Minuten backen.

Verbinde die Buchstaben zu Wortschlangen,
und schreibe die gesuchten Wörter auf.
Es ist jede Richtung möglich, aber nicht
schräg! Alle Wörter sind dir in der
Geschichte begegnet.

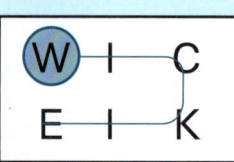
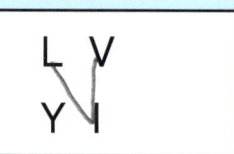

WICKIE _____ _____ _____

| N E H | H I G | L L Ü B |
| K U C | O N | A F R E |

_____ _____ _____

| P I R | H V A | O N K U E N |
| T A | A L R | H I G C H |

_____ _____ _____

Lösungen

Seite 32

Seite 33

Seite 36

HALVAR HONIGKUCHEN PIRAT

ÜBERFALL HONIG KUCHEN

FLAKE YLVI WICKIE

Lese-Führerschein

Lösungswort

Hast du alle Fragen beantwortet?
Dann trage hier die Buchstaben der
richtigen Antworten ein.

Tipp: Das Lösungswort hat etwas mit
der Geschichte zu tun!

Gehe jetzt gemeinsam mit deinen
Eltern auf **www.lesedrachen-club.de**

So geht's zum Lese-Führerschein

1. Melde dich kostenlos mit einer
   E-Mail-Adresse und einem Passwort an.

2. Klicke dann auf Start, und wähle auf
   der Seite dein Buch aus.

3. Gib nun das Lösungswort ein,
   bestätige die Eingabe mit OK.
   Schon hast du 100 Punkte auf deinem
   Punkte-Konto gutgeschrieben!

4. Nun kannst du dich mit den Lese-
   Übungen, die für dein Buch angezeigt
   werden, im Lesen richtig fit machen
   und die noch fehlenden 50 Punkte für
   deinen Lese-Führerschein sammeln.

5. Hast du alle Fragen richtig beantwortet?
   Dann wartet dein Lese-Führerschein auf
   dich!

Viel Erfolg!

Lesen lernen mit dem Schulbuchprofi ...

... und Wickie, dem cleveren Wikinger!

Wickie und die
starken Männer
Wickie im Bann
des Zauberers
Leseanfänger
978-3-12-949256-7 *Mit Comics!*

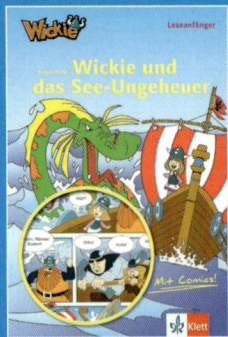

Wickie und die
starken Männer
Wickie und das
See-Ungeheuer
Leseanfänger
978-3-12-949237-6 *Mit Comics!*

Wickie und die
starken Männer
Wickie und der
geheimnisvolle Fremde
Leseanfänger
978-3-12-949238-3 *Mit Comics!*

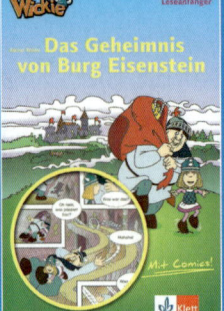

Wickie und die
starken Männer
Das Geheimnis von
Burg Eisenstein
Leseanfänger
978-3-12-949228-4 *Mit Comics!*

Wickie und die
starken Männer
Wickie bei Häuptling
Dicker Büffel
978-3-12-949229-1 *Mit Comics!*

Studio 100
© 2015 Studio 100 Media GmbH
www.studio100.de

Für Wickie Fans von jung bis alt –
Abenteuerliche Geschichten rund um Wickie und die starken Männer

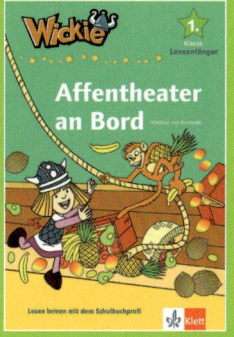

Wickie und die
starken Männer
Wickie in der Klemme
1. Klasse
978-3-12-949068-6

Wickie und die
starken Männer
Affentheater an Bord
1. Klasse
978-3-12-949052-5

Wickie und die
starken Männer
Wickie wird entführt
2. Klasse
978-3-12-949053-2

Wickie und die
starken Männer
Das große Hicksen
2. Klasse
978-3-12-949054-9

Clevere Mandalas mit Wickie –
fördern Feinmotorik, Konzentration und Kreativität

**Wickie
und die starken Männer**
Mein starkes Mandala-Buch
mit Wickie
978-3-12-949283-3